CATALOGUE

DES

FAIENCES HISPANO-MAURESQUES

Plats de Rhodes — Faïences de Rouen, de Delft, etc.

Porcelaines de Chine — Assiettes d'échantillon

Boîtes — Bijoux — Objets de vitrine

OBJETS D'ART

Curiosités de la Perse

CABINETS ESPAGNOLS — PIANO A QUEUE, D'ÉRARD

Étoffes — Soieries — Broderies

DONT LA VENTE AURA LIEU

HOTEL DROUOT, SALLE N° 3

Le Vendredi 19 Février 1886

A UNE HEURE ET DEMIE

Par le Ministère de M° Paul CHEVALLIER, commissaire-priseur

10, rue de la Grange-Batelière, 10

Assisté de M. Charles MANNHEIM, expert

7, rue Saint-Georges, 7

EXPOSITION PUBLIQUE : Le Jeudi 18 Février 1886

DE 1 HEURE A 5 HEURES

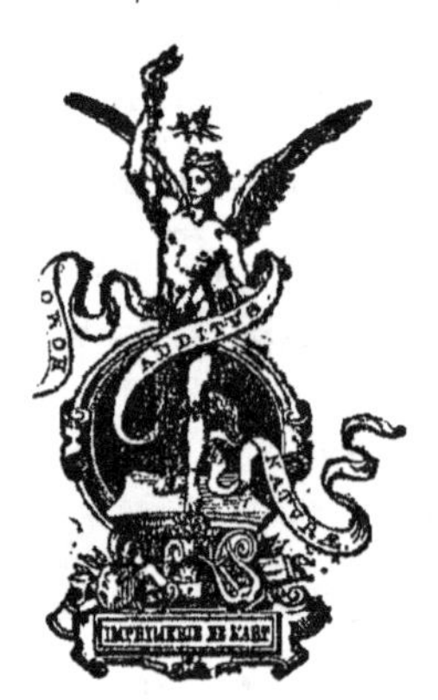

IMPRIMERIE DE L'ART

CATALOGUE

DES

FAIENCES HISPANO-MAURESQUES

Plats de Rhodes — Faïences de Rouen, de Delft, etc.

Porcelaines de Chine — Assiettes d'échantillon

Boîtes — Bijoux — Objets de vitrine

OBJETS D'ART

Curiosités de la Perse

CABINETS ESPAGNOLS — PIANO A QUEUE, D'ÉRARD

Étoffes — Soieries — Broderies

DONT LA VENTE AURA LIEU

HOTEL DROUOT, SALLE N° 3

Le Vendredi 19 Février 1886

A UNE HEURE ET DEMIE

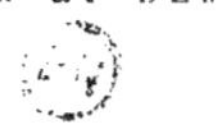

———

Par le Ministère de Mᵉ Paul CHEVALLIER, commissaire-priseur

10, rue de la Grange-Batelière, 10

Assisté de M. Charles MANNHEIM, expert

7, rue Saint-Georges, 7

———

EXPOSITION PUBLIQUE : Le Jeudi 18 Février 1886

DE I HEURE A 5 HEURES

CONDITIONS DE LA VENTE

Elle sera faite au comptant.

Les acquéreurs payeront en sus des enchères *cinq pour cent*, applicables aux frais.

L'exposition mettant le public à même de se rendre compte de l'état des objets, il ne sera admis aucune réclamation une fois l'adjudication prononcée.

Paris. — Imp. de l'Art. E. Ménard et J. Augry
41, rue de la Victoire, 41

DÉSIGNATION DES OBJETS

FAIENCES

1 à 28 — Cinquante-six plats à reflets métalliques, variés de dimension et de décor, en ancienne faïence hispano-mauresque.

29-3o — Huit plats et assiettes polychromes, à décor de figures, d'animaux et de fleurs en faïence de Talavera.

31 — Soupière, plats et assiettes en faïence ancienne à fleurs.

32 à 36 — Dix plats en faïence de Rhodes à décor polychrome, fleurs et ornements variés.

37 — Plat rond en faïence italienne, à décor polychrome de chimères, de cariatides et d'arabesques dans le style de la Renaissance.

38 — Plaque en terre émaillée du Beauvoisis ?, représentant un sujet de sainteté, avec cadre ancien en bois sculpté.

39 — Plaque ovale à bord contourné en ancienne faïence de Delft, décorée en bleu à bouquets de fleurs et oiseaux, avec bordure saillante à rinceaux.

40 — Autre plaque en même faïence, à décor bleu, vue de parc et large bordure ornée.

41-42 — Deux bannettes octogones en vieux Rouen polychrome, à figures chinoises, kiosques et palmiers. Bordure à fleurons inscrits dans un treillis vert, avec quatre réserves occupées par des écrevisses.

43 — Jardinière Louis XV, en faïence à ornements et rocailles en relief rehaussés de couleur.

44 — Un plat hispano-mauresque à reflets métalliques.

45 — Trois pièces faïence.

46 — Onze pièces, saucière et assiettes en faïence.

PORCELAINES

47 — Plat rond en porcelaine de Chine, décor à paysage en émaux de la famille verte.

48 — Autre en même porcelaine, décoré de cerfs dans un paysage.

49 — Dix belles assiettes d'échantillon d'ancienne porcelaine de Chine, variées de décor. (Seront divisées sous ce numéro.)

50 — Trois assiettes en céladon.

51 — Deux figurines de Fleuves appuyés sur des urnes, en biscuit de porcelaine de la fabrique de Buen-Retiro, à Madrid.

52 — Six couteaux à manches en porcelaine de Saxe, décorés de figures genre Watteau et d'ornements à imbrications roses ; lames argentées.

53 — Deux figurines en porcelaine blanche de Hœcht.

54 — Une autre en faïence décorée, de même fabrique.

55 — Deux bouteilles carrées à ornements en relief, en terre de Boccaro, avec monture en bronze doré à rocailles.

56 — Buire en porcelaine de Chine à décor bleu, et un pot en Satzuma.

57 — Deux tasses en vieux Saxe, fond vert.

58 — Deux autres, à figures.

59 — Vase, forme Médicis, en porcelaine à la Reine.

60 — Gourde en céladon décoré en bleu.

61 — Quatre bols en vieux Chine.

62 — Deux pitongs ajourés, émaillés turquoise.

63 — Deux coquilles en Chine flambé.

BOITES — BIJOUX — OBJETS DE VITRINE

64 — Boîte circulaire en écaille brune piquée d'or et ornée sur le couvercle d'une miniature : jeune femme écrivant une lettre.

65 — Deux boîtes rondes en ivoire, avec miniatures.

66 — Boîte circulaire en écaille piquée d'or, avec miniature : Vénus et Adonis.

67 — Boîte circulaire en poudre d'écaille couleur rouge antique, avec jolie miniature représentant une jeune femme tenant une cage.

68 — Boîte circulaire en porphyre de Suède, ornée d'une miniature : portrait d'un pape.

69 — Boîte en poudre d'écaille fond blanc, avec miniature : jeune fille tenant une rose.

70 — Autre, fond rouge, incrustée d'or et d'argent, avec miniature.

71 — Trois autres avec miniatures.

72 à 74 — Quatre boîtes rectangulaires et deux petites bonbonnières rondes en émail de Saxe, variées de décor.

75 — Boîte rectangulaire en porcelaine de Saxe, décorée de médaillons : ports de mer avec figures peints en couleur et encadrés de rinceaux en dorure.

76 — Autre boîte en forme de cuvette, à décor de fruits.

77 — Étui en porcelaine à décor de fleurs et de figures, et boîte d'allumettes ornée de petits bouquets.

78 — Deux manches de couteaux en Saxe, à décor dans le goût chinois.

79 — Deux boîtes ovales en agate, l'une ornée au couvercle d'une mosaïque de Rome.

80 — Boîte à flacons du temps de Louis XV, en nacre gravée et rehaussée d'or.

81 — Étui en galuchat contenant deux flacons à odeur.

82 — Montre en cristal de roche taillé à facettes, avec monture en argent émaillé. Style Renaissance.

83 — Deux étuis-nécessaires à pans en cristal de roche, garnis en argent.

84 — Petit flacon en cristal de roche gravé, avec monture en argent émaillé.

85 à 88 — Quatre bijoux-pendentifs, variés d'ornementation, en argent ajouré et émaillé et enrichis de pierres de couleur et de perles. Style Renaissance.

89 — Deux miniatures rectangulaires représentant des paysages et appliquées sur un fond de velours.

90 — Miniature ronde représentant une jeune femme lisant à la lumière d'une bougie.

91 — Miniature rectangulaire Louis XV : Jeune femme et négrillon tenant une corbeille de fleurs.

92 — Trois miniatures : portraits de femmes.

OBJETS D'ART VARIÉS

93 — IVOIRE. Triptyque représentant le Couronnement de la Vierge.

94 — Ivoire. Trois statuettes : la Vierge, Saint Joseph et l'Enfant Jésus.

95 — Ivoire. Christ en croix.

96 — Bois sculpté. Deux Christs en croix.

97 — Bois sculpté. Petit bas-relief : la Madeleine.

98 — Ivoire. Plaque sculptée en bas-relief et représentant un ermite en extase; elle provient d'un baiser de paix.

99 — Cire. Deux médaillons : bustes de femmes en cire de couleur.

100 — Cuir. Écrin de custode en cuir ouvragé du xv⁰ siècle, à décor d'arabesques.

101 — Cuir. Étui en cuir ouvragé du xvi⁰ siècle.

102 — Cuir. Petit écrin à couvercle doré.

103 — Coffret italien de la Renaissance, en stuc, à figures, pilastres et ornements blancs en relief sur fond doré.

104 — Six cuillers de style Renaissance à cuillerons en cristal de roche et manches en argent ciselé, doré et émaillé.

105 — Baiser de paix en cuivre, de style gothique.

106 — Châsse en cuivre rouge, gravé, ajouré et doré, ornée de médaillons rapportés en émail. xiii⁰ siècle.

107 — Étau de travail pour dame, en fer gravé du xviii⁰ siècle.

108 — Deux bustes d'enfants en marbre blanc.

109 — Grand bas-relief en marbre blanc : sujet de sainteté.

110 — Cire. Médaillon en bas-relief, portrait de femme en costume Louis XV, enrichi de petites perles.

111 — Trois boîtes variées de décor, en émail de Saxe.

112 — Coupe lobée en émail de style Louis XIII.

113 — Grand bol en émail de Chine, décor à personnages.

114 — Coupe et soucoupe en émail de Chine.

115 — Plusieurs petits émaux anciens : sujets de piété, fleurs.

116 — Lot de camées, etc.

117 — Médaillon : tête d'homme lauré, de profil, en corail sculpté. Cadre en argent.

118 — Deux boîtes rondes, l'une en écaille, l'autre en ivoire, ornées, sur les couvercles, de miniatures sur ivoire, portraits de jeunes femmes.

119 — Éventail Louis XV à monture d'ivoire ajourée et feuille peinte sur les deux faces, à sujets dans le goût de Lancret.

120 — Trois montures d'éventails Louis XV en ivoire.

121-122 — Trois gobelets du XVIIIe siècle en argent repoussé, et une petite coupe à couvercle en argent, enrichie de pierreries.

OBJETS DE LA PERSE

123 — Casque persan décoré en damasquine d'or et muni de son camail à mailles en fer et en cuivre.

124 — Rondache persane en damas damasquiné d'or à rosace centrale et à large bordure à inscription en caractères coufiques.

125 — Poignard, lame damas damasquinée d'or, poignée en corne.

126 — Bol en cuivre gravé à ornements et inscriptions.

127 — Couvercle de brûle-parfums en émail cloisonné de Chine.

128 — Miroir persan à curieux décor exécuté d'après des sujets européens.

129 — Écritoire persane avec étui en velours brodé.

130 — Soucoupe en faïence persane, fond bleu à reflets métalliques.

131 — Deux peignes persans, à ornements laqués et dorés.

132 — Douze salières en faïence persane, émaillées bleu.

133 — Garniture de narghilé en métal repoussé et argenté.

134 — Jeu de dés persan.

135 — Flageolet oriental.

136 — Petite mandoline en écaille incrustée de nacre.

137 — Boucle d'oreille persane en or émaillé et divers petits objets.

138 — Trois feuilles de manuscrits à ornements en couleurs.

139 — Coran écrit sur une feuille étroite et très longue.

140 — Manuscrit persan, histoire universelle avec reliure, gaufré et doré.

141 — Dessins et manuscrits persans.

142 — Couverture de livre.

143 — Canne garnie en argent et un petit coffret.

144 — Deux boîtes à gants en mosaïque de Perse.

145 — Cadre en mosaïque.

146 — Trois boîtes d'allumettes en mosaïque.

MEUBLES

147 — Piano à queue, d'Érard, en palissandre.

148 — Cabinet espagnol en bois noir plaqué d'écaille et décoré d'incrustations en os gravé; la porte centrale simule un portique monumental; les tiroirs, au nombre de huit sur chaque côté, sont encadrés de bandes d'arabesques. Ce meuble est surmonté d'une balustrade et repose sur une table à pieds tournés.

149 — Cabinet espagnol, de décor et de disposition analogues au meuble qui précède. Il repose sur une console à pieds tournés.

150 — Petit cabinet en bois noir, à porte monumentale et à tiroirs décorés de scènes de chasse exécutées en bois d'ébène gravé et se détachant sur un fond d'ivoire

151 — Petite vitrine en bois noir, plaquée d'écaille et décorée d'incrustations et de filets en os gravé. Fond en glace étamée. Elle repose sur un support à tréteaux.

152 — Pendule anglaise décorée au vernis genre Martin de figures et d'ornements dans le goût chinois. xviiie siècle.

153 — Petite pendule en bronze de style rocaille.

154 — Pendule hollandaise à face monumentale, à fronton brisé supporté par deux colonnettes engagées en écaille, à chapiteaux et bases en ivoire. Cadran et appliques à festons de fleurs en argent.

155 — Pendule en bronze ciselé et doré mat à sujet tiré de Molière et deux vases de forme Médicis.

ÉTOFFES

156 — Portière d'ancienne soie brochée, à fleurs, avec franges en soie jaune.

157 — Habit du xviiie siècle, en satin violet, richement brodé à fleurs.

158 — Gilet en soie blanche brochée.

159 — Étoffe à fond tissé d'or et petits médaillons à fleurs. xviiie siècle.

160 — Tapis de guéridon en soie brochée à franges d'or.

161 — Tapis de table en broderie de Recht.

162 — Sac de voyage en tapis d'Orient.

163 — Tapis en étoffe tissée à raies multicolores.

164 — Fragment d'ancienne tapisserie.

165 — Deux coussins, tapis d'Orient.

166 — Manteau de dame en étoffe richement brodée. Travail persan.

167 — Robe orientale en étoffe rouge richement brodée.

168 — Tapis de table en toile brodée à décor de grosses fleurs et d'arabesques.

169 — Pardessus persan en laine.

170 — Châle en cachemire de l'Inde.

171 — Deux coussins persans, broderie sur toile.

172 — Tapis en soie rouge à fleurs en broderie lamée d'or.

173 — Carré en satin vert semé de fleurons en broderie d'or.

174 — Autre à fleurs inscrites dans un treillis, sur fond tissé or.

175 — Deux autres analogues.

176 — Deux petits coussins en broderies de soie et d'or.

177 — Sac en tapisserie.

178 — Écharpe en toile fine ornée aux extrémités de broderies soie et or.

179 — Petit manteau de Vierge tissé or avec dentelles d'or et un galon persan.

180 — Coussin, soie bleue brochée or.

181 — Autre à fleurs et bandes ondulées.

182 — Tapis de guéridon, en broderies sur drap de Recht.

183 — Petit châle carré à fond blanc et décor de palmes.

184 — Deux châles de Perse, en laine.

185 — Tapis de table, à palmes, or sur fond rouge.

186 — Petit tapis, satin bleu à palmes brodées or.

187 — Petit tapis de prières, en soie jaune, semé de fleurs en broderies de soie.

188 — Autre à décor de fleurs en broderies blanches sur soie blanche.

189 — Autre en satin foncé broché à décor de palmes.

190 — Autre en soie blanche brodée à festons de fleurs en soies de couleur.

191 — Deux serviettes et un fragment triangulaire, brodés.

TABLEAUX — GRAVURES

192 — GUIDE (École de). Grand tableau représentant le Sommeil de la Madeleine.

193 — ÉCOLE ITALIENNE. Le Martyre de saint Laurent.

194 — TENIERS (Genre de). La Fileuse.

195 — Six eaux-fortes de Goya d'après Velazquez : Souverains d'Espagne.

196 — Gravures anciennes : l'Histoire de Don Quichotte, les Heures de la Passion du Christ, etc.

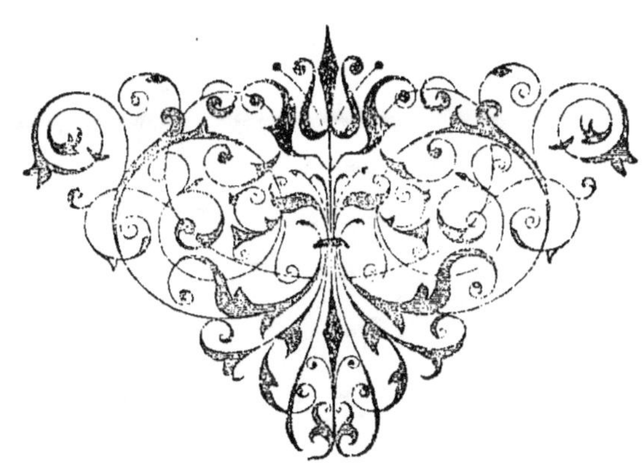